BILBO JEUNESSE

Coca-Klonk

Du même auteur chez Québec Amérique

Jeunesse

Granulite, coll. Bilbo, 1992.
Guillaume, coll. Gulliver, 1995.
• MENTION SPÉCIALE PRIX SAINT-EXUPÉRY (FRANCE)
Le Match des étoiles, coll. Gulliver, 1996.
Kate, quelque part, coll. Titan+, 1998.
Lola superstar, coll. Bilbo, 2004.

SÉRIE KLONK
Klonk, coll. Bilbo, 1993.
• PRIX ALVINE-BÉLISLE
Lance et Klonk, coll. Bilbo, 1994.
Le Cercueil de Klonk, coll. Bilbo, 1995.
Un amour de Klonk, coll. Bilbo, 1995.
Le Cauchemar de Klonk, coll. Bilbo, 1997.
Klonk et le Beatle mouillé, coll. Bilbo, 1997.
Klonk et le treize noir, coll. Bilbo, 1999.
Klonk et la queue du Scorpion, coll. Bilbo, 2000.
La Racine carrée de Klonk, coll. Bilbo, 2002.
Le Testament de Klonk, coll. Bilbo, 2003.
Klonk contre Klonk, coll. Bilbo, 2004.

SÉRIE SAUVAGE
La Piste sauvage, coll. Titan, 2002.
L'Araignée sauvage, coll. Titan, 2004.
Sekhmet, la déesse sauvage, coll. Titan, 2005.

Adultes

Les Black Stones vous reviendront dans quelques instants, coll. Littérature d'Amérique, 1991.
Ostende, coll. Littérature d'Amérique, 1994.
Coll. QA compact, 2002.
Miss Septembre, coll. Littérature d'Amérique, 1996.
Vingt et un tableaux (et quelques craies), coll. Littérature d'Amérique, 1998.
Fillion et frères, coll. Littérature d'Amérique, 2000.
Coll. QA compact, 2003.
Je ne comprends pas tout, coll. Littérature d'Amérique, 2002.
Adieu, Betty Crocker, coll. Littérature d'Amérique, 2003.

Coca-Klonk

FRANÇOIS GRAVEL
ILLUSTRATIONS : PIERRE PRATT

QUÉBEC AMÉRIQUE Jeunesse

Catalogage avant publication de Bibliothèque et Archives Canada

Gravel, François
Coca-Klonk
(Bilbo jeunesse ; 96)
ISBN 2-7644-0091-8
I. Titre. II. Collection
PS8563.R388C62 2001 jc843'.54 C00-942110-6
PS9563.R388C62 2001
PZ23.G72Co 2001

Conseil des Arts du Canada Canada Council for the Arts

SODEC Québec

Nous reconnaissons l'aide financière du gouvernement du Canada par l'entremise du Programme d'aide au développement de l'industrie de l'édition (PADIÉ) pour nos activités d'édition.

Gouvernement du Québec – Programme de crédit d'impôt pour l'édition de livres – Gestion SODEC.

Les Éditions Québec Amérique bénéficient du programme de subvention globale du Conseil des Arts du Canada. Elles tiennent également à remercier la SODEC pour son appui financier.

Québec Amérique
329, rue de la Commune Ouest, 3e étage
Montréal (Québec) H2Y 2E1
Téléphone : (514) 499-3000, télécopieur : (514) 499-3010

Dépôt légal : 1er trimestre 2001
Bibliothèque nationale du Québec
Bibliothèque nationale du Canada

Révision linguistique : Michèle Marineau
Montage : PAGEXPRESS
Réimpression : avril 2005

www.quebec-amerique.com

CHAPITRE
UN

— Menum menum menum mephone! a marmonné mon fils Félix. Cela signifiait sans doute qu'il ne pouvait pas répondre au téléphone. Je m'en doutais un peu : comment aurait-il pu parler alors qu'il venait d'engouffrer deux pizzas pochettes en même temps ?

J'ai donc décroché le récepteur et j'ai entendu une voix que je connaissais bien :

— Fred ? C'est Klonk ! Comment vas-tu ?

— Très bien ! J'étais justement en train de...

— Parfait ! Écoute, j'ai absolument besoin de toi. Viens me rejoindre chez Morley, 175, rue des Aubépines. Tu vas trouver le chemin?

— C'est-à-dire que...

— Parfait! À tout à l'heure!

Heureusement que je connais Klonk depuis longtemps, sinon j'aurais eu envie de me fâcher. Comment peut-on être impoli à ce point? Il aurait pu au moins me demander s'il me dérangeait, non?

Et moi qui m'étais promis de passer l'après-midi à lire un bon gros roman policier, confortablement installé dans mon salon! J'aurais pu ensuite jouer au scrabble avec Agathe, mon épouse bien-aimée, et puis nous nous serions concocté un petit souper aux chandelles...

Mais je n'avais pas vraiment envie de me fâcher. J'étais même excité, pour dire la vérité. J'avais senti un frémissement d'impatience dans la voix de Klonk, et même un soupçon d'énervement, et je pressentais qu'il allait m'embarquer dans une autre des étranges aventures dont il a le secret. Klonk a peut-être des manières un peu brusques, mais avec lui on est certain de ne jamais s'ennuyer !

J'ai donc obéi à mon ami, une fois de plus, et je ne l'ai pas regretté. L'aventure dans laquelle il allait m'entraîner était en effet l'une des plus étranges, et sûrement la plus inquiétante, de toutes celles qu'il m'a été donné de vivre. Si nous avions échoué à notre mission, jamais je n'aurais pu écrire ce roman, ni aucun autre livre. Mais il y a bien pire : si la machination que nous avons déjouée avait abouti, l'humanité tout entière aurait fait un bond en arrière de quelques centaines d'années, voire de quelques millénaires. Peut-être serions-nous retournés à l'âge de pierre, à l'époque où les humains, plutôt que de communiquer intelligemment, balbutiaient et baragouinaient comme

Félix quand il a la bouche pleine...

— Salut, papa! a-t-il réussi à articuler avant que je sorte de la maison.

— Salut, Félix! ai-je répondu en enfilant mon manteau et mes bottes. Tu préviendras Agathe que je ne rentrerai peut-être pas pour le souper... Peut-être même que je ne rentrerai pas de la semaine...

— Encore une aventure de Klonk? Bonne chance!

Mon fils mange peut-être trop de pizzas pochettes, n'empêche qu'il est perspicace : j'allais avoir besoin de beaucoup de chance, en effet!

CHAPITRE
DEUX

Une heure plus tard, je rejoignais Klonk rue des Aubépines, où Morley et Crystale se sont fait construire une maison à leur goût. J'ai bien dit à *leur* goût. Imaginez un immense manoir de briques roses, avec des auvents roses et des vitres teintes en rose. Comme nous venions tout juste d'essuyer une tempête de neige, je ne saurais dire si le gazon et l'entrée d'asphalte étaient roses, eux aussi, mais cela ne m'aurait pas étonné.

La décoration intérieure était tout aussi ridicule, pour ne pas dire débile : avez-vous déjà vu une cuisinière et un réfrigérateur roses? Une table de billard avec des pattes roses, un tapis rose, des billes roses, des queues roses, et même un cube de craie rose? Un aquarium rose avec des poissons roses qui nagent parmi des plantes aquatiques roses dans de l'eau teinte en rose? Une salle de bain rose avec une baignoire rose, un lavabo rose, des robinets roses et des miroirs teints en rose? J'ai soulevé le couvercle de la cuvette, pour en avoir le cœur net : l'eau était rose, oui. Et le papier hygiénique aussi, évidemment!

—Crystale et moi avons décidé d'être le couple le plus heureux du monde, a expliqué Morley en nous faisant visiter sa maison. Nous avons pensé que la meilleure façon d'y arriver, c'est de toujours voir la vie en rose. Chacune des bûches que nous faisons brûler dans le foyer est profondément imprégnée de produits chimiques pour que les flammes soient uniformément roses. Nous avons fait recouvrir la vitre du téléviseur d'un filtre spécial pour ne voir que des émissions en rose. Il nous est cependant très difficile de lire des journaux ou des livres : pourquoi les imprimeurs s'entêtent-ils à n'utiliser que de l'encre noire? On s'étonnera, ensuite, que les gens soient si pessimistes!

— Vous devez être extraordinairement heureux? a dit Klonk, un soupçon d'ironie dans la voix.

— Indubitablement! a répondu Morley. Nous nageons dans le bonheur! Personne, dans tout l'univers, n'est plus heureux que nous! Nous sommes immensément, exceptionnellement, intensivement heureux, tellement heureux que...

Morley n'a pas réussi à terminer sa phrase : il s'est mis à pleurer comme une fontaine!

Nous nous sommes regardés, Klonk et moi, tandis que les larmes de Morley tombaient à grosses gouttes sur le plancher de tuiles roses, et nous n'avons pas eu besoin de nous parler pour partager nos interrogations : Morley était-il devenu fou ? Fallait-il appeler une ambulance ?

— Excusez-moi, a-t-il réussi à balbutier en s'essuyant les joues. J'ai encore quelques rechutes, parfois... Je ne sais pas pourquoi je pleure tout le temps, alors même que je suis si heureux. Peut-être que j'ai trop d'eau dans le corps et que je transpire par les yeux ? À moins que mon cerveau ne soit tellement puissant qu'il doive toujours baigner dans un liquide destiné à le refroidir ? Ou peut-être que ce sont des larmes de joie, tout simplement : c'est difficile de supporter tant de bonheur...

— Il ne faut peut-être pas abuser du rose, a répondu Klonk. Si tu mettais quelques touches d'autres couleurs, ici et là, ce serait peut-être plus équilibré...

— Tu as sans doute raison, je vais en parler à Crystale. Mais passons maintenant aux choses sérieuses. Si je vous ai demandé de venir ici, c'est que l'humanité est à la veille de subir un cataclysme sans pareil. Nous sommes au bord du gouffre, mes amis. Nous sombrerons bientôt dans un abîme sans fond, un trou noir...

— Tu ne penses pas que tu exagères un peu? a demandé Klonk.

— Exagérer, moi? Pas du tout! Est-ce que je suis du genre à exagérer?

— Quel est donc ce péril qui menace la planète? a répliqué Klonk en faisant semblant de ne pas entendre la question de Morley.

— Je n'en ai pas la moindre idée. C'est pourquoi j'ai besoin de vous... Laissez-moi vous raconter l'histoire de mon frère Marmaduke, et vous verrez que je ne vous ai pas convoqués en vain.

Est-il besoin de vous dire que nous étions quelque peu perplexes, Klonk et moi? Il est toujours difficile de savoir sur quel pied danser avec ce Morley, dont on ne sait jamais s'il est complètement fou ou s'il l'est juste à moitié. Quoi qu'il en soit, nous allions bientôt apprendre que son frère Marmaduke, lui, était certainement dément, et qu'il l'était dangereusement!

CHAPITRE
TROIS

— J'ai donc un frère que je ne vois presque jamais, nous a raconté Morley en nous servant du vin rosé dans des verres de cristal rose. Il est un peu plus jeune que moi, et tout aussi intelligent, pour ne pas dire génial. Il s'appelle Marmaduke. À l'école primaire, déjà, mon frère était un vrai petit diable. Nous faisions des concours de bêtises, lui et moi. Chaque fois que je faisais un mauvais coup, il essayait de faire pire.

— Quelle sorte de mauvais coups ? ai-je demandé.

— Oh ! rien de bien méchant... À mon école, les professeurs buvaient beaucoup de café... Un jour, j'ai remplacé le sucre par de la poudre de craie! Une bonne blague, rien de plus. Marmaduke, lui, a voulu faire mieux : il a mis de la poudre à fusil dans leurs cigarettes! Sept professeurs ont été conduits à l'hôpital, et il a fallu appeler les pompiers pour combattre l'incendie, qui a dévasté la moitié de l'école. Et Marmaduke n'était encore qu'à la maternelle! En deuxième année, il a inventé une espèce de poudre à éternuer qui rendait fous tous ceux qui la respiraient. Tous les professeurs de l'école ont goûté à sa médecine, évidemment. Certains se prenaient pour des chiens, d'autres pour des betteraves, d'autres encore pour des écrevisses...

— Mais c'est terrible! S'en sont-ils remis?

— L'effet n'était que temporaire, heureusement : au bout de six ou sept ans, ils recouvraient leurs esprits. Ensuite, mon frère s'est amusé à dévaliser quelques banques et à frauder l'impôt, ce genre de broutilles, mais il a toujours gardé un penchant pour les poudres et les poisons. C'est d'ailleurs ce qui m'inquiète. Lisez ceci, vous allez comprendre.

Morley nous a alors tendu une feuille blanche, qui contrastait étrangement dans ce décor uniformément rose, sur laquelle Marmaduke avait griffonné quelques mots :

Salut, Morley, espèce de purée de navets,

C'est moi, ton Brère mal aimé. Tu vas fientôt entendre parler de moi, espèce d'ordure bétide et nauséafonde. Et cette bois-là, ce sera une vraie fêtise, dont l'humanité se souviendra, ou plutôt dont elle ne se souviendra pas! Ha! Haha! Hahaha! Hahahaha! Hahahahaha! Et encore Ha!

Marmaduke

P.-S.: Ha!

Salut, Morley, espèce
de purée de navets.
C'est moi, ton frère mal aimé.
Tu vas bientôt entendre
parler de moi, espèce
d'ordure fétide et nau-
séabonde. Et cette fois-
là, ce sera une vraie fêti-
sse, dont l'humanité se
souviendra, ou plutôt
dont elle ne se souviendra
pas! Ha! Haha! Hahaha!
Hahahaha! Hahahahaha!

— Cela me semble en effet l'œuvre d'un fou, a dit Klonk. Un fou dont les propos sont fort inquiétants. Si ton frère est doué pour la chimie, comme tu le dis, il faut craindre le pire! Où habite-t-il, au fait?

— Il a un bureau de psychiatre à Montréal, et un autre dans les Antilles...

— Il est vraiment psychiatre?

— Bien sûr que non! Mon frère n'est qu'un escroc qui fait semblant de soigner de riches patients, mais il ne soulage que leur portefeuille...

— N'avez-vous pas remarqué quelque chose d'étrange, dans sa lettre? a demandé Klonk en interrompant une fois de plus Morley et en se tournant vers moi.

— Il y a tous ces ha ha, à la fin, ai-je répondu. Quand il commence quelque chose, on dirait qu'il n'est plus capable de s'arrêter. Cet homme a l'esprit dérangé, c'est sûr!

— Excellente remarque! a dit Klonk, ce qui m'a fait grand plaisir, mon ami étant plutôt avare de compliments. Mais il y a encore autre chose, a-t-il aussitôt ajouté sur un ton impatient.

— Il n'est pas très gentil pour son frère...

— C'est parfaitement normal! a répondu Klonk d'un ton cassant. Tous les frères se taquinent, non? Réfléchis un peu!

— Il fait des fautes, ai-je enfin dit.

— Il commet des fautes, voilà, et des fautes très étranges. Son *b*rère, *f*ientôt, *b*étide... Marmaduke confond systématiquement les B et les F... J'ai un étrange pressentiment. Et, s'il se vérifie... Messieurs, l'heure est grave! Il faut absolument intervenir, sinon...

— Sinon quoi?

— Sinon il sera trop tard! Mon cher Fred, il faut que tu deviennes fou!

— Que je devienne fou ? Mais pourquoi ? Et pourquoi moi ?

— Parce que toi seul peux réussir. Morley pourrait très facilement passer pour fou, mais il aurait tendance à exagérer, et son frère le reconnaîtrait. Je pourrais sans doute moi aussi faire un fou convenable, mais je dois m'occuper de Charlotte et de Charlemagne. Tu sais ce que c'est que d'avoir de jeunes enfants... Nous n'avons pas le choix : il faut absolument aller voir ce que trame ce Marmaduke, et tu es le fou qu'il nous faut !

— Mais je n'ai pas envie de me faire soigner par un psychiatre, moi ! Supposons qu'il me force à avaler une de ses poudres, ou qu'il me fasse des injections, ou qu'il m'enlève un morceau de cerveau !

— Aucun danger, a répliqué Morley. Je connais les méthodes de mon frère : la seule partie de vous qui risque de souffrir, c'est votre portefeuille. Vous devez y aller, je vous en conjure! Mon frère est vraiment capable des pires bêtises!

— Mon cher Fred, a déclaré Klonk sur un ton solennel, l'humanité a besoin de toi!

— Voici une carte de débit, a immédiatement ajouté Morley. J'ai fait verser deux cent mille dollars dans le compte correspondant, au cas où votre enquête vous entraînerait à faire quelques menues dépenses... Bonne chance!

CHAPITRE QUATRE

Je m'étais préparé à vivre des événements extraordinaires, mais j'avoue avoir été estomaqué, le lendemain, quand j'ai téléphoné à la clinique de Marmaduke : j'ai obtenu un rendez-vous le jour même! Pas de doute, ce médecin n'était pas normal.

La clinique de Marmaduke était située à flanc de montagne, dans une maison tellement grande qu'il serait plus juste de parler de manoir. Dans l'entrée du garage, j'ai aperçu une Jaguar, une Rolls Royce et une Mercedes. J'ai gravi les marches et j'ai sonné à la porte. En attendant qu'on vienne me répondre, j'ai jeté un coup d'œil sur la plaque fixée au mur de pierre :

Docteur Marmaduke Yokel,
psychiatre touristique

Bonheur garanti
ou argent remis

Je me demandais ce qui était le plus étrange : le curieux titre de psychiatre touristique ou le fait que la plaque soit en or massif ?

Un domestique en livrée est venu m'ouvrir et m'a accompagné jusqu'à une salle d'attente où les fauteuils étaient confortables et les revues récentes. À peine ai-je eu le temps de m'asseoir qu'une infirmière – très jolie, soit dit en passant – m'a proposé, pour me détendre, un massage de la nuque et des épaules. J'ai accepté, évidemment, sinon la pauvre jeune fille se serait sentie bien inutile.

Pendant que les doigts experts de la jolie infirmière me massaient le cou, je répondais aux questions d'une secrétaire tout aussi jolie : Nom ? Prénom ? Numéro d'assurance sociale ? Souffrez-vous d'allergies ? Préférez-vous payer par chèque, par carte de débit ou en argent liquide ? Nous exigeons mille dollars pour la première visite, plus un dépôt de dix mille dollars qui vous sera remis à la fin du traitement...

La voix de la secrétaire était si suave et le massage de l'infirmière tellement exquis que j'ai à peine sursauté quand j'ai entendu ces montants : mille dollars pour un seul rendez-vous ! Dix mille dollars de dépôt ! J'aurais dû devenir psychiatre touristique, c'est beaucoup plus payant que d'écrire des livres !

— Je... je paierai par carte de débit, ai-je répondu nonchalamment, comme si cela ne me dérangeait pas le moins du monde de débourser onze mille dollars pour qu'on me guérisse d'une maladie que je n'avais même pas.

— C'est parfait, a répondu la secrétaire. Et maintenant, si vous voulez bien suivre Ingrid...

J'ai obéi sans poser de questions, et j'ai suivi l'infirmière jusqu'à l'autre extrémité du manoir, où se trouvait une immense serre remplie de plantes exotiques. Au milieu de cette jungle se trouvait une baignoire à remous.

— Le docteur Yokel croit beaucoup aux vertus médicinales de la détente, m'a gentiment expliqué Ingrid. Déshabillez-vous, je vous en prie, et profitez de quelques instants de repos. Je reviendrai vous chercher dans une demi-heure...

Comment refuser une invitation formulée si gentiment? Je me suis lentement glissé dans l'eau bouillonnante et délicatement parfumée à l'eucalyptus, et je me suis détendu...

—Le docteur Yokel va bientôt vous recevoir, a murmuré Ingrid.

Hein? Quoi? Comment? Déjà? J'ai bien failli m'endormir, moi! Attention, il ne faudrait surtout pas oublier que je suis supposé être fou, et que Marmaduke Yokel est dangereux!

CHAPITRE CINQ

— Asseyez-vous, je vous en prie, m'a dit le docteur Yokel d'une voix mielleuse.

Il n'y avait pas de divan dans le bureau de ce psychiatre, mais un fauteuil de cuir très confortable, en face d'un foyer dans lequel brûlait un feu de bois. Je me suis assis dans le fauteuil, tout en jetant un coup d'œil au décor : les boiseries anciennes et les vieux grimoires, les gravures d'époque et un squelette véritable, tout était magnifique.

Le docteur Yokel, en revanche, était quelque peu inquiétant : sa voix était doucereuse, et il gardait toujours les

Diplôme

yeux démesurément ouverts, comme s'il cherchait à m'hypnotiser. Il était chauve, et son crâne était aussi bosselé que celui de Morley. Les deux frères étaient-ils nés comme cela, ou bien leur mère les avait-elle élevés en leur donnant des coups de casserole sur la tête?

— Et si vous me disiez ce qui vous amène? m'a-t-il demandé, d'un ton de plus en plus sucré. (À force de parler ainsi, me suis-je dit, il va finir par avoir des caries!)

— Tout le monde m'en veut! ai-je répondu.

— Tout le monde vous en veut? a-t-il répété.

— Tout le monde m'en veut, oui... Ma femme me prépare toujours de délicieux desserts. Elle veut m'empoisonner, c'est sûr! Mon fils, lui, ne mange que des pizzas pochettes. C'est parce qu'il fait partie du complot, évidemment! Même les chats m'en veulent!

— Les chats vous en veulent ?

— Ils m'en veulent, oui, ils essaient de m'hypnotiser !

— Ils essaient de vous hypnotiser ?

J'aurais dû devenir psychiatre, me suis-je dit. Rien de plus facile : il suffit de toujours répéter ce que le patient vient de dire !

— Ils essaient de m'hypnotiser, oui. Les oiseaux aussi, d'ailleurs. Et les poissons rouges...

— Les poissons rouges ?

— Les poissons rouges, oui... Je pense qu'ils sont contrôlés par des extraterrestres et qu'ils veulent me rendre fou.

— Je vois je vois je vois, a-t-il répondu en se grattant le menton et en plissant le front (cela m'a soulagé : je ne savais plus quoi inventer pour qu'il me croie fou, et j'aurais eu peur d'exagérer s'il m'avait demandé de continuer). Je vois je vois je vois, a-t-il encore dit, comme s'il était tellement habitué à répéter ce qu'il entendait qu'il se répétait lui-même. Vous êtes un peu fatigué, voilà tout. Ah! la vie moderne! Stress, surmenage... Un peu de repos vous fera le plus grand bien. Que diriez-vous d'une semaine dans les Antilles? J'y ai acheté un hôtel cinq étoiles, sur une île privée, et je l'ai transformé en clinique. Une plage de sable fin, des repas gastronomiques, quelques excursions de pêche : il n'y a rien de tel pour vous recharger les batteries, croyez-moi... Plus j'y pense, plus je suis convaincu que c'est le traitement qui vous convient. Et, puisque vous êtes écrivain, je consens à vous accorder un rabais : le séjour ne vous coûtera que cinquante mille dollars. Une véritable aubaine! Il y a justement un départ la semaine prochaine. Ma secrétaire s'occupera des détails. Merci, et à la revoyure!

J'étais plutôt perplexe quand je me suis retrouvé dehors : la consultation n'avait duré que dix minutes, et elle m'avait coûté dix mille dollars! Et que penser d'un séjour dans les Antilles à cinquante mille dollars pour une semaine! Ce Marmaduke était sûrement un fameux escroc, mais, puisque ce voyage était absolument nécessaire à la poursuite de mon enquête, pourquoi ne pas en profiter? C'était Morley qui payait, après tout!

CHAPITRE SIX

Quand je suis parti de Montréal, une épouvantable tempête de neige faisait rage. Quelques heures plus tard, un avion privé me débarquait dans un coin de paradis terrestre. Les palmiers et les cocotiers, les interminables plages de sable fin et la mer verte comme une émeraude, les perroquets multicolores et les poissons fluorescents batifolant dans les récifs de corail : tout ce que m'avait promis Marmaduke y était, et plus encore.

Imaginez des sentiers qui mènent à des cascades d'eau pure, sous lesquelles on peut prendre une douche dans un décor de plantes tropicales.

Imaginez les plus beaux et les plus dociles des chevaux, qu'on peut emprunter à tout moment sans même avoir à demander la permission, et sur lesquels on peut galoper tant qu'on veut le long de plages désertes.

Imaginez des voiliers et des vélos, des équipements de plongée et des jeux de toute sorte; imaginez des buffets débordant de victuailles où on peut aller manger ce qu'on veut quand on le veut; imaginez un hôtel de grand luxe, avec des baignoires à remous et un téléviseur panoramique dans chaque chambre; imaginez des salles de bal et les jeux vidéo les plus perfectionnés; imaginez tout cela, et vous n'aurez qu'une petite idée du luxe et du confort dont pouvaient jouir les patients dans l'île du docteur Yokel. Si j'avais vraiment été victime de surmenage, mon séjour dans cette île paradisiaque m'aurait certainement guéri. Et, puisque je n'étais ni malade ni même fatigué, j'aurais donc dû profiter à plein de ces merveilleuses vacances gratuites.

Mais, croyez-le ou non, je me suis ennuyé!

Il y avait d'autres patients que moi dans cette île, et la plupart étaient des gens très intéressants parmi lesquels se trouvaient bon nombre de professeurs, d'écrivains et de journalistes, mais Agathe, ma tendre épouse, me manquait terriblement. C'est avec elle que j'aurais aimé partager ces moments, et je ne pouvais même pas lui téléphoner, le soir : l'hôtel possédait tous les équipements imaginables, mais on n'y trouvait pas un seul téléphone!

— Vous êtes ici pour vous reposer, m'avait expliqué le docteur Yokel le jour de mon arrivée. Les téléphones sont interdits!

Pire encore, il n'y avait pas moyen de lire de livres, ni même de revues ou de journaux! Quoi de plus agréable, pourtant, que de lire un bon gros roman policier, étendu sur une chaise longue à l'ombre d'un palmier?

— Vous êtes ici pour vous changer les idées, avait expliqué le docteur Yokel. Oubliez vos lectures, oubliez vos soucis!

Mais le plus étrange, le plus étonnant, le plus déconcertant se produisait à l'heure des repas. La nourriture avait beau être exquise, il n'y avait pas moyen de boire une seule goutte de vin, ni de jus de fruits, ni même d'eau minérale! Les serveurs avait reçu la consigne de n'offrir aux patients que de l'eau du robinet ou des boissons gazeuses. Or, l'eau était absolument infecte. Elle goûtait les œufs pourris et elle était toujours brouillée! Personne n'en buvait, évidemment, et tout le monde se faisait donc servir des boissons gazeuses.

Non seulement ces boissons n'étaient pas interdites, mais on pouvait en trouver partout, dans les chambres comme au restaurant, sur la plage comme au terrain de tennis, et même au cœur de la forêt tropicale, où on avait installé des machines distributrices!

Au petit-déjeuner, je devais me priver de jus d'orange et de café, et même de lait dans mes céréales! Pour me brosser les dents, j'ai dû m'habituer, comme tous les autres patients, à utiliser de l'eau de mer. Tu parles d'une clinique de luxe!

Un cola le matin, un autre pour dîner, un cola comme collation, un autre pour souper... Trop, c'est trop!

Si je n'avais pas déjà eu de sérieux doutes, cela aurait suffi à me convaincre que le docteur Marmaduke Yokel n'était pas un véritable psychiatre, ni même un médecin. S'il s'était véritablement préoccupé de la santé de ses patients, jamais il n'aurait soumis ceux-ci à un régime aussi déséquilibré.

Tous les patients avec qui j'en discutais trouvaient ce choix étrange, mais ils s'en accommodaient sans trop protester.

— Le docteur Yokel est un grand savant, affirmaient-ils avec conviction. Il sait ce qu'il fait!

Je ne disais rien, pour ne pas les inquiéter, mais j'étais de plus en plus convaincu que le docteur Yokel était un fou dangereux, surtout depuis que j'avais vu ce qu'il faisait pendant la nuit!

Le cola contient de la caféine, comme vous le savez sans doute, et la caféine empêche de dormir. Souffrant d'insomnie, j'allais donc souvent marcher sur la plage et j'en profitais pour aller espionner le docteur Yokel, qui avait une résidence privée à l'écart de l'hôtel.

Grimpé dans un cocotier, je pouvais le voir qui buvait de grands verres d'eau minérale ou de vin, et je pouvais surtout l'entendre rire aux éclats. Seul dans sa chambre, il ne cessait de rire d'un rire sardonique, dément, qui me glaçait le sang.

Jamais je n'ai eu aussi hâte de retrouver Montréal et ses tempêtes de neige!

CHAPITRE
SEPT

Aussitôt arrivé à l'aéroport, j'ai embrassé Agathe et je l'ai longuement serrée contre moi : elle m'avait tellement manqué!

Je me suis ensuite précipité vers un téléphone public et j'ai téléphoné à Klonk pour lui faire part des résultats de mon enquête. À peine avais-je terminé le récit de mon séjour qu'il me posait une question étrange :

— As-tu lu quelque chose pendant ton voyage en avion? Un livre? Un magazine?

— Je n'avais pas envie de lire, non. J'ai dormi...

— Et tu n'as rien bu d'autre que des boissons gazeuses

pendant toute une semaine? C'est épouvantable!

— À qui le dis-tu!

— Maintenant, écoute-moi bien, mon cher Fred : dès que tu seras chez toi, il faut absolument que tu joues une partie de scrabble avec Agathe, tu m'entends? Il le faut ABSOLUMENT!

— Jouer au scrabble??? Mais pourquoi?

— Il faut que tu joues au scrabble, un point c'est tout! C'est de la plus haute importance!

Jouer au scrabble! En voilà une idée! Je n'avais pas vu mon épouse depuis une semaine, et Klonk me demandait de jouer au scrabble avec elle!

En arrivant à la maison, je n'ai même pas pris le temps de défaire mes bagages. Agathe et moi nous sommes installés dans la cuisine et nous avons sorti notre jeu préféré. J'ai pigé mes sept lettres sans trop y penser, et c'est à ce moment-là que j'ai cru devenir vraiment fou.

— C'est curieux, ai-je dit à Agathe, il y a des lettres que je ne reconnais pas. J'ai deux tables à trois pattes, des montagnes, un rond, une échelle avec un seul barreau, un hameçon et une croix...

— Très drôle, a dit Agathe. Est-ce que tu commences ?

— Je veux bien jouer, mais je ne sais trop que faire avec ces tables à trois pattes...

— Écoute, Fred, sois un peu sérieux ! Tu sais bien que ce sont des E !

— Des E ??? Et ces montagnes, qu'est-ce que c'est ?

— Ce ne sont pas des montagnes, c'est un M !

Nous nous sommes alors regardés, et nous avons aussitôt compris ce qui s'était produit pendant mon séjour dans les Antilles : Marmaduke m'avait empoisonné, et je ne savais plus reconnaître les lettres! Je pensais que le H était une échelle avec un seul barreau, que le J était un hameçon, que le X était une croix!

Voilà pourquoi Marmaduke nous avait empêchés de boire autre chose que des boissons gazeuses pendant toute une semaine : il avait sûrement versé une de ses poudres dans les boissons qu'il nous servait jour après jour, et cette poudre avait la propriété de... de *désapprendre* à lire!

J'ai aussitôt téléphoné à Klonk :

— C'est terrible, Klonk, je ne sais plus lire!

— Je m'en doutais, a-t-il répondu. L'heure est grave! Rendez-vous demain matin chez Morley. Nous verrons alors comment il convient de réagir. D'ici là, je crains qu'il n'y ait rien à faire, malheureusement... Bonne nuit!

Il me souhaitait une bonne nuit! Comment pouvait-il seulement imaginer que j'arriverais à dormir alors que je ne savais plus lire!

Je suis aussitôt retourné dans la cuisine et j'ai demandé à Agathe de me montrer, une à une, les lettres de l'alphabet.

— Ce petit rond, tu vois, c'est un O; et ce serpent, c'est un S...

Elle me montrait deux ou trois autres lettres, puis elle me posait des questions :

— Et ça, qu'est-ce que c'est?

— Ça ressemble à une petite maison...

— Mais c'est un A, je viens de te le dire!

Non seulement j'avais désappris à lire, mais j'étais totalement incapable de réapprendre! C'est comme si on avait effacé à tout jamais une grande section de mon cerveau! J'étais devenu analphabète, et je le resterais peut-être toujours!

A

C'était terrible, c'était épouvantable, c'était... Plus j'y pensais, plus j'en perdais mon vocabulaire, tellement c'était effrayant : jamais plus je ne pourrais écrire d'histoires de Klonk, ni aucun autre roman! Jamais plus je ne pourrais écrire de lettres d'amour pour ma chère Agathe! Jamais plus je ne pourrais lire de livres ni de journaux, jamais plus je ne pourrais jouer au scrabble! Et comment faire pour reconnaître les noms des rues sur les panneaux ou pour lire les noms des villes sur les cartes géographiques? Je ne pourrais même pas conduire mon automobile! Je ne pourrais jamais plus consulter de livres de recettes, ni même les instructions sur les boîtes de conserve! Je ne pourrais plus jamais utiliser un ordinateur, ni lire mon courrier, ni faire une liste pour le marché, ni...

C'est alors que je me suis souvenu d'une réalité encore

bien pire, bien plus effroyable : je n'étais pas le seul à avoir subi ce mauvais traitement. Tous les patients qui avaient séjourné en même temps que moi dans l'île du docteur Yokel étaient sûrement devenus analphabètes, eux aussi ! J'ai alors repensé à la lettre de Marmaduke : *une vraie bêtise dont l'humanité se souviendra, ou plutôt dont elle ne se souviendra pas* !

Marmaduke voulait-il répandre son poison sur toute la terre et rendre analphabète l'humanité tout entière ? Klonk avait raison de s'inquiéter ! Peut-être même était-il déjà trop tard !

CHAPITRE
HUIT

— Il est primordial d'adopter une approche scientifique..., a dit Klonk dès que je suis entré chez Morley.

— ... aussi avons-nous préparé quelques questions pour mesurer l'étendue des dégâts, a aussitôt complété Morley avant même que j'aie eu le temps d'enlever mes bottes et mon chapeau. Ce sont des questions faciles, n'ayez pas peur.

— Très faciles, a repris Klonk. Voici la première : Quelle est la deuxième loi de la thermodynamique ?

— Aucune idée, ai-je répondu.

— À partir de quel type d'uranium fabrique-t-on l'isotope fissile 239 ? a demandé Morley.

— Je ne sais pas, ai-je été obligé d'admettre.

— Quelle est la racine cubique de 127 et sept huitièmes ?

— Je l'ignore...

— C'est encore pire que je ne pensais ! a conclu Morley. Toutes les régions de son cerveau sont atteintes !

— Il ne sait plus rien ! a ajouté Klonk. Rien du tout ! Marmaduke a transformé mon meilleur ami en parfait ignorant ! Fred n'est pas seulement analphabète, il est parfaitement idiot !

— Mais rassurez-vous, mon cher Fred, a dit Morley pour me consoler. Les poudres que concocte mon frère ont toujours un effet temporaire. Cela ne devrait durer que six ou sept ans, pas plus.

J'avais beau me trouver chez Morley, je ne voyais pas du tout la vie en rose. Je la voyais plutôt en jaune, pour dire la vérité : la moutarde me montait au nez.

— Un instant! ai-je répliqué. Je ne suis pas un physicien, moi, ni un chimiste, ni un mathématicien! Je suis un écrivain, pas un scientifique! Je n'ai pas pu oublier la deuxième loi de la thermodynamique, pour la bonne raison que je ne l'ai jamais sue!

— Et comment sais-tu que tu ne l'as jamais sue? a répliqué Klonk. Peut-être que tu as oublié que tu l'as déjà sue? Peut-être que la poudre de Marmaduke n'efface pas seulement les souvenirs, mais aussi les oublis?

— Je suis désolé de te contredire, Klonk, mais ce que tu dis est parfaitement absurde et nous fait perdre un temps précieux. Je ne sais plus lire ni écrire, mais ma tête fonctionne encore normalement, du moins il me semble, et elle fonctionne suffisamment bien pour que je sache qu'il faut agir au plus vite. Imaginez ce qui se passerait, messieurs, si tous les professeurs ne savaient plus lire ni écrire pendant six ou sept ans : on serait obligés de fermer les écoles, les collèges et les universités ! Et que se produirait-il si les médecins ne pouvaient plus lire les rapports des infirmières ni les livres de médecine ? Si les informaticiens ne pouvaient plus déchiffrer les écrans de leurs ordinateurs ni programmer ceux-ci ? Imaginez le surveillant d'une usine nucléaire qui ignorerait le sens du mot « DANGER » ! Le monde court à la catastrophe, et bientôt il n'y aura plus un seul journaliste pour nous en informer ! Vous ne croyez pas qu'il y a plus important à faire que de m'infliger des examens de physique, messieurs ?

— C'est juste, a admis Klonk.

— Il faut agir, a ajouté Morley.

— Mais comment ? ont-ils dit en même temps.

Et ils ont eu la même idée au même moment, semble-t-il, puisqu'ils se sont tous les deux tournés vers l'ordinateur de Morley, qui trônait sur son bureau.

J'ai alors assisté à un événement inédit : pour la première fois sans doute depuis le début de l'informatique, j'ai vu quelqu'un naviguer dans Internet sans que l'ordinateur soit branché !

— Laissez-moi me concentrer, a dit Klonk, je vais essayer de suivre les circuits jusqu'à l'ordinateur de Marmaduke...

Je savais depuis longtemps que mon ami Klonk maîtrisait à merveille les ondes de son cerveau, mais je ne le croyais pas capable d'une telle prouesse : il n'avait qu'à plisser le front en regardant un ordinateur éteint pour communiquer avec l'ordinateur de Marmaduke ! Et moi qui croyais qu'il détestait l'informatique !

— Je pense que j'y suis, a-t-il dit au bout de quelques instants... Ton frère est un très mauvais joueur de Démineur, mon cher Morley... Laisse-moi changer de fichier... Ah! voici sa comptabilité personnelle! Ça pourrait être intéressant, d'autant plus qu'il paie toutes ses factures par Internet... Cent cinquante mille dollars pour l'installation de distributrices de boissons gazeuses dans son hôtel, deux mille dollars pour l'entretien de ses automobiles, il vient tout juste d'acheter un billet d'avion pour Atlanta...

— Atlanta, dis-tu?

— Atlanta, oui. Départ à dix-huit heures, aujourd'hui même...

— Il faut y aller! ai-je dit.

— À Atlanta? a répondu Klonk. Mais pourquoi?

— Parce que je ne connais peut-être pas la deuxième loi de la thermodynamique, ai-je répliqué, mais je sais que le siège social d'une importante compagnie de boissons gazeuses se trouve précisément à Atlanta. Si Marmaduke réussit à pénétrer dans leur usine et à modifier leur recette secrète...

Klonk et Morley ne m'ont pas laissé le temps de finir ma phrase. Nous avons tous les trois enfilé nos bottes et nos manteaux, puis nous nous sommes précipités vers l'aéroport.

CHAPITRE NEUF

L'aéroport d'Atlanta est un des plus grands d'Amérique, sinon du monde entier, aussi n'avons-nous eu aucune difficulté à trouver un avion qui s'y rendait. Le seul inconvénient, c'est qu'il ne restait que des places de première classe. Morley a été obligé de payer une somme astronomique, ce qui n'a pas semblé le déranger le moins du monde. Il a aligné les billets de cent dollars sur le comptoir comme s'il s'agissait d'argent de Monopoly.

— Dites-moi, monsieur Morley, lui ai-je demandé quand nous avons été assis, êtes-vous millionnaire? Vous semblez toujours disposer d'autant d'argent que vous le voulez!

— Moi? Je n'ai pas un sou! Je déteste l'argent, et je n'en ai jamais sur moi. Ce n'est d'ailleurs pas très prudent de transporter de grosses sommes. Il y a tellement de personnes malhonnêtes sur cette planète!

— Mais alors, avec quoi avez-vous payé?

— Avez-vous oublié que je suis le maître des illusions? J'ai donné au caissier des bouts de papier sans valeur. S'il a cru qu'il s'agissait de billets de banque, c'est son problème... Mais, puisque nous parlons des choses qui nous intriguent, j'aimerais bien que tu m'expliques, mon cher Klonk, comment tu as pu deviner dès le début que la planète courait vers un grand danger?

— Très juste! ai-je ajouté. Tu savais ce que Marmaduke tramait, puisque tu m'as demandé de jouer au scrabble! Comment as-tu pu le deviner?

— Champagne? Cognac? Caviar? Sushis? a demandé l'hôtesse au même moment, ce qui a retardé la réponse de Klonk, qui semblait très fier d'être le pôle d'attraction.

— Pas de sushis pour moi, a-t-il répondu à la jeune dame. Je prendrais plutôt des biscuits feuille d'érable, un sandwich au salami hongrois et un verre de brandy...

À notre grande surprise, la jeune femme est revenue aussitôt avec ce que Klonk avait commandé. Jamais je n'aurais imaginé qu'on puisse avoir un tel service dans un avion!

Klonk a dégusté lentement sa collation, puis il a consenti à nous répondre :

— C'est très simple, a-t-il dit. Vous savez que je me livre toujours à des travaux scientifiques, histoire de m'occuper l'esprit. J'aime nourrir mon prodigieux cerveau avec ce que l'humanité produit de meilleur. Je suis donc souvent amené à correspondre avec les plus grands savants de notre époque, ce qui m'a permis de remarquer un phénomène étrange, pour ne pas dire inexplicable : les lettres que je recevais depuis quelque temps étaient farcies de fautes d'orthographe ! Nos plus grands savants, nos universitaires les plus réputés ne savent plus accorder le verbe avec le sujet, et je ne parle même pas des participes passés ! Seraient-ils devenus soudainement ignorants, ou alors trop paresseux pour se relire ? De telles idées étant inimaginables, voire intolérables, il ne restait donc qu'une hypothèse : leur cerveau avait probablement été atteint par une étrange maladie causée par quelque poison...

Klonk a pris une gorgée de brandy avant de poursuivre. Il

nous parlait en regardant son verre, comme s'il s'adressait à son reflet.

— J'avais aussi remarqué qu'on trouvait de plus en plus de distributrices de boissons gazeuses dans les écoles, les collèges et les universités. On a même installé de ces machines infernales dans les bibliothèques et dans les salles de classe ! Plus il y avait de ces distributrices, plus les universitaires commettaient de fautes... Ceci expliquait-il cela ? J'avoue que l'idée m'a traversé l'esprit, mais je n'avais évidemment aucune preuve... Jusqu'à ce que je lise la lettre de Marmaduke. Rappelez-vous ce qu'il nous disait : une vraie *fêtise* dont l'humanité se souviendra, ou plutôt dont elle ne se souviendra pas ! Tous les éléments du casse-tête se sont alors mis en place : Marmaduke a inventé un épouvantable poison, et il l'a sans doute testé sur lui-même, ce qui explique qu'il confonde les B et les F. Il a ensuite expérimenté le produit dans quelques universités, ce qui explique le nombre considérable de fautes d'orthographe qu'on y commet... Mais cela ne suffisait pas à Marmaduke. Ce qu'il désirait, c'était que ses victimes deviennent totalement analphabètes! C'est pourquoi il a réuni quelques cobayes dans son île déserte, afin de les soumettre à des doses massives de poison... Maintenant qu'il a trouvé la formule parfaite, il s'apprête sans doute à étendre son expérience à l'univers entier! J'espère que nous arriverons à temps, messieurs!

— Bien raisonné! avons-nous dit à Klonk, qui ne semblait pas nous écouter : il avait les yeux rivés sur le hublot, comme s'il avait peur qu'une aile de l'avion ne se détache.

— Savez-vous combien d'avions atterrissent à Atlanta chaque

jour? nous a-t-il demandé au bout d'un très long moment.

—Aucune idée, ai-je répondu. Quelques centaines?

—Des milliers! Imaginez ce qui se produirait si le pilote d'un de ces avions buvait une boisson gazeuse trafiquée par Marmaduke! Il ne saurait plus lire ses instruments de vol! Imaginez aussi qu'un contrôleur aérien boive une de ces concoctions! C'est peut-être ce qui se produit à l'heure actuelle...

Morley et moi nous sommes aussitôt précipités vers le hublot : jamais je n'ai eu aussi hâte d'atterrir!

CHAPITRE DIX

Il était une heure du matin lorsque nous sommes arrivés à Atlanta, mais nous n'avons même pas pris le temps de nous chercher un hôtel. Nous avons sauté dans le premier taxi, en demandant au chauffeur qu'il nous emmène au siège social d'une des plus grandes entreprises de boissons gazeuses du monde.

En raison de l'heure tardive, nous nous attendions à ce que les abords de l'édifice soient déserts, mais le gratte-ciel était entouré de dizaines de voitures de police, tous gyrophares allumés. Était-il trop tard? Le mal avait-il déjà été fait?

POLICE
TAXI

Nous sommes descendus du taxi et nous avons cherché à nous informer, sans trop de succès :

— Un simple cambriolage, disaient les policiers. Il n'y a rien à voir, poursuivez votre chemin...

Mais, s'il s'agissait d'un simple cambriolage, comment expliquer la présence de toutes ces voitures de patrouille, de tous ces fourgons et de tous ces policiers qui discutaient en petits groupes sur le trottoir ?

— Attendez-moi ici, je vais en avoir le cœur net, a dit Morley.

Il s'est alors dirigé vers un groupe de policiers, et nous l'avons vu se métamorphoser sous nos yeux : lui qui avait un manteau rose en sortant du taxi portait maintenant un imperméable beige. Un chapeau est apparu sur sa tête, et Morley nous a semblé grandir de quelques pouces. Chaque fois qu'il croisait un policier, il lui montrait quelque chose qu'il sortait de son portefeuille, et les policiers le traitaient alors avec beaucoup de respect. Il s'est ainsi promené d'un groupe de policiers à l'autre, puis il est revenu vers nous.

— J'ai bien peur que nous ne soyons arrivés trop tard, messieurs... J'ai parlé avec les principaux responsables de l'enquête, qui m'ont dit tout ce qu'ils savaient.

— Comment as-tu pu les convaincre de te parler? a demandé Klonk.

— Je leur ai montré mon permis de conduire, dans lequel ils ont cru voir une plaque d'inspecteur-chef du FBI. Banale illusion...

— Heureusement qu'ils savent encore lire! a repris Klonk. Et qu'est-ce qu'ils t'ont appris?

— Ils m'ont dit tout ce qu'ils savaient, c'est-à-dire rien. Messieurs, j'ai bien peur qu'il ne soit trop tard!

—Comment peux-tu conclure qu'il est trop tard, alors que les policiers ne savent rien, a répliqué Klonk, qui semblait fâché. Cela ne tient pas debout!

—Tu n'es pas le seul à savoir faire de beaux raisonnements, a répondu Morley. Écoute un peu avant de juger. Les policiers m'ont dit qu'un intrus a pénétré dans l'édifice et que cet intrus était fort habile, puisqu'il a réussi à déjouer tous les systèmes d'alarme et toutes les caméras de surveillance. Ils savent aussi que l'intrus a pu se rendre jusqu'au laboratoire où est concoctée la recette secrète de la boisson gazeuse, mais qu'il n'a rien volé, rien dérobé... Ils ont conclu que le visiteur s'est contenté de recopier la recette secrète. Un banal cas d'espionnage industriel, en somme.

—Mais comment ont-ils su

que quelqu'un avait pénétré dans l'édifice s'il n'y avait aucune trace d'effraction? ai-je demandé.

— Parce qu'il a laissé un message, a répondu Morley. Je m'y attendais, d'ailleurs : mon frère a toujours aimé se vanter de ses mauvais coups. Aussitôt son forfait accompli, il a téléphoné aux policiers pour les aviser qu'il venait de commettre un crime, et qu'ils en auraient la preuve s'ils se donnaient la peine d'ouvrir le coffre-fort de l'entreprise. Les policiers ont donc ouvert le coffre-fort, dans lequel ils ont trouvé un papier où n'apparaissaient que deux mots : Fye fye!

— Fye fye? Mais qu'est-ce que cela peut bien signifier? a demandé Klonk.

— Bye bye, tout simplement : n'oublie pas que mon frère confond les B et les F. Les policiers ont fait analyser le papier, mais mon frère n'est pas assez bête pour laisser des empreintes! Voilà pourquoi je conclus que les policiers ne savent rien et qu'il est sans doute trop tard. Marmaduke a sûrement modifié la formule...

— ... et bientôt le cola nouveau atterrira sur les cinq continents! Ha ha ha! Ensuite, ce sera au tour des limonades! Ha ha ha, et encore ha! J'en mettrai aussi dans les eaux minérales, tant qu'à y être! Ha ha ha, ha ha, et encore ha! Dans le lait! Dans le jus de pomme! Dans le café!

Nous nous sommes retournés tous les trois en même temps : Marmaduke était là, derrière nous! Debout devant une limousine, il semblait heureux comme un roi et continuait son énumération, comme s'il ne pouvait plus s'arrêter :

— Dans le thé glacé! Dans le vin! Dans le lait de chèvre! Dans la bière! Dans le cidre! Dans le nectar de pruneaux! Et même dans l'eau ! Je contaminerai les aqueducs ! Ha ha ! Ha ha ha ! Je pense que je viens de commettre une belle bêtise et j'ai bien envie de célébrer ce grand jour avec vous ! N'est-ce pas que c'est une belle bêtise, Morley ? Venez avec moi, je vous offre le champagne !

J'ai eu envie de le dénoncer aux policiers, mais j'ai immédiatement compris que ce serait inutile : qui donc m'aurait cru ?

— Il faut y aller, ai-je soufflé à Klonk. Agathe me l'a souvent dit : la meilleure façon de traiter avec un fou, c'est de faire semblant de partager sa folie.

— Tu as raison, a-t-il répondu dans un murmure avant de chuchoter quelque chose à l'oreille de Morley.

Nous sommes tous les trois montés dans la limousine de Marmaduke Yokel. Où donc ce psychiatre fou allait-il nous emmener ?

CHAPITRE
ONZE

— Du champagne pour tout le monde! a lancé Marmaduke en entrant dans le restaurant.

Mais était-ce bien un restaurant? Pour y accéder, il avait fallu franchir une porte massive, qui semblait aussi lourde qu'une porte de prison et qui était gardée par un portier encore plus large que la porte. Marmaduke lui avait chuchoté un mot de passe, et le gardien nous avait laissés entrer dans un corridor interminable, au bout duquel il y avait... une autre porte massive, gardée par un autre portier tout aussi massif. Quatre portes, quatre mots de passe et trois grilles plus tard, nous étions enfin parvenus

dans une salle à manger où il n'y avait qu'une seule table, perdue au milieu d'une pièce immense.

Nous nous sommes installés à cette table, et aussitôt une nuée de serveurs et de serveuses sont venus s'affairer autour de nous. Il y en avait une bonne vingtaine, mais ils étaient tellement discrets que nous ne les entendions jamais. On aurait dit des chats avec des semelles de feutre. Certains apportaient des plats, d'autres changeaient les ustensiles aussitôt qu'ils étaient sales, et certains étaient même chargés de nous essuyer le coin des lèvres avec des serviettes de table en soie! Jamais je n'aurais pu imaginer un tel luxe! Et ce que nous mangions était tout simplement divin.

— J'espère que vous appréciez le service, messieurs, nous a dit Marmaduke. C'est tellement difficile de trouver des employés convenables, de nos jours! C'est d'ailleurs pour cette raison que j'ai entrepris de répandre l'ignorance autour de moi!

— J'avoue que je ne comprends pas très bien ton raisonnement, a répondu Morley.

— Ces employés ont été mes premiers cobayes, a répliqué Marmaduke. Ils étaient tous journalistes, ou chercheurs, ou professeurs. Mon préposé aux légumes enseignait autrefois la littérature à l'Université de Montréal, et l'aide-cuisinier passait pour un grand philosophe... Il a suffi que je leur fasse goûter à une poudre de ma fabrication et, une semaine plus tard, ils ne savaient plus lire! Au bout d'un mois, je pouvais leur faire croire n'importe quoi! J'ai réussi à les convaincre que j'étais leur dieu, et ils vont passer le reste de leur vie à m'adorer. N'est-ce pas merveilleux?

— … En quoi est-ce merveilleux? a demandé Klonk, qui semblait scandalisé.

— Réfléchissez un instant, messieurs, et imaginez un monde où seule l'élite saurait lire et écrire, comme dans le bon vieux temps. Cette élite aurait des millions et des millions de serviteurs dévoués qui ne se révolteraient jamais, puisque personne ne leur apprendrait jamais à se révolter! Ne serait-ce pas le bonheur absolu?

— Ce serait le bonheur pour l'élite, a répondu Morley, mais certainement pas pour ceux qui seraient condamnés à la servitude!

— Erreur, mon bien cher frère, erreur! Regardez-moi ces employés : n'ont-ils pas l'air heureux? Ils m'obéissent au doigt et à l'œil, comme des chiens. Si je veux qu'ils soient heureux, il suffit que je leur ordonne de l'être, voilà tout! Ha ha! Ha ha ha! Et encore ha!

— Mais c'est abominable! s'est exclamé Morley.

— Merci pour le compliment! a répliqué Marmaduke. Et bienvenue dans mon cénacle! Car je compte sur vous pour en faire partie, évidemment : j'aime m'entourer d'hommes intelligents.

— Et si nous refusons? a demandé Klonk.

— C'est votre droit. Vous pouvez toujours boire des boissons gazeuses, si vous y tenez absolument. Au bout d'une semaine, vous deviendriez analphabètes, comme votre ami Fred. Et, au bout d'un mois, vous seriez complètement à ma merci! Peut-être vous ferais-je éplucher les pommes de terre, ou cirer mes chaussures... Vous ne feriez pas une telle bêtise, n'est-ce pas? Ha ha ha! Gaspiller de tels cerveaux, quelle perte pour l'humanité! La seule solution, c'est de ne boire que du champagne, comme moi! Vous n'avez pas le choix, mon cher Klonk : ou bien vous êtes un de mes adorateurs, ou bien vous êtes mon ami! Vous voici membre de l'élite! Et vous aussi, monsieur Fred! Et toi aussi, Morley! Ha ha! Ha ha ha, et encore ha! Il n'y a rien à faire, rien! Au moment où nous parlons, la recette de la plus célèbre boisson gazeuse du monde est déjà modifiée. Il a suffi de quelques pincées de mon produit, et bientôt nous aurons des millions de serviteurs dociles et heureux! Demain matin, des camions remplis de boissons gazeuses améliorées quitteront les entrepôts et feront la livraison de l'ignorance aux quatre coins de l'Amérique! Nous serons les rois du monde, messieurs, et moi, je serai le roi des rois!

— C'est honteux! a dit Klonk, que je n'avais jamais vu aussi choqué.

— C'est ignoble! s'est exclamé Marmaduke, qui paraissait tout aussi indigné.

— C'est génial! ai-je ajouté. Tout simplement génial!

Inutile de dire que tout le monde s'est tourné vers moi. Klonk et Morley avaient l'air ahuris, mais Marmaduke paraissait ravi.

— Je suis fort heureux de votre réaction, mon cher Fred, et je vous félicite : il faut parfois du génie pour reconnaître le génie des autres!

Tandis que Marmaduke me regardait avec un sourire béat, je me demandais si je réussirais à jouer la comédie jusqu'au bout. J'appliquais la recette d'Agathe, qui dit toujours que la meilleure façon de traiter avec un fou, c'est de faire semblant de partager sa folie. Mon idée était peut-être folle, mais il fallait faire quelque chose, et vite!

— Vous êtes vraiment le plus grand génie de tous les temps,

ai-je ajouté aussitôt, avant que Klonk et Morley aient eu le temps de réagir. Je dirais même le sauveur de l'humanité, son phare, voire son soleil! La lumière des lumières! Je ne sais pas s'il existe quoi que ce soit de plus brillant dans toute notre galaxie, et même au-delà!

Plus je lui faisais des compliments, plus je le sentais se gonfler de bonheur, ce qui confirmait mon hypothèse : cet homme-là était encore plus orgueilleux qu'il était fou!

— Tout le monde devrait se prosterner à vos pieds et mourir de bonheur rien qu'à l'idée d'avoir aperçu votre ombre!

— N'est-ce pas? C'est ce que je pense, moi aussi. Comme ces paroles sont douces à mes oreilles, et comme il est rassurant de rencontrer quelqu'un qui partage mes idées!

— La seule chose que je regrette, ai-je ajouté sur un ton lugubre, c'est que nous serons bientôt les seuls à pouvoir vraiment vous admirer. Quel gaspillage, quand même!

— ... Que voulez-vous dire?

— ... Évidemment, si j'avais pu mettre mon projet à exécution...

— Votre projet? Quel projet?

— Je comptais cesser d'écrire les aventures de Klonk pour me consacrer à la rédaction d'une œuvre majeure et définitive. Ce serait un monument littéraire dans lequel je chanterais votre grandeur. Un simple recueil de poèmes ne suffirait pas, évidemment. Il faudrait une ode, une épopée, une encyclopédie, une bible... Mais à quoi bon écrire un livre qui ne serait lu que par deux ou trois personnes? Une telle œuvre mériterait sûrement des millions, voire des milliards de lecteurs! Mais tant pis!

J'ai alors vu le visage de Marmaduke pâlir en même

temps qu'une esquisse de sourire apparaissait sur le visage de Klonk.

— Mon cher Fred, je me range à tes arguments. Quel dommage, en effet, que personne ne puisse lire l'œuvre que tu aurais consacrée à Marmaduke Yokel ! C'eût été le chef-d'œuvre de ta vie, à n'en pas douter ! Il n'y aurait plus jamais d'aventures de Klonk, c'est vrai, mais peu importe : quand on a rencontré son maître, il faut savoir s'incliner devant lui !

— Vous avez raison, a renchéri Morley, qui avait lui aussi compris mon stratagème. Avec une telle source d'inspiration, Fred aurait composé une œuvre immortelle ! Mais il est trop tard, hélas !

— Hélas ! a ajouté Klonk (que je n'aurais d'ailleurs jamais cru aussi bon comédien : il semblait sincèrement dépité !).

— Trois fois hélas! ai-je encore pu soupirer avant que Marmaduke réagisse enfin.

— Attendez un instant! s'est-il exclamé. Peut-être n'est-il pas trop tard? Les camions ne quitteront l'entrepôt que demain matin. Il faut faire quelque chose, vite!

CHAPITRE DOUZE

Toute l'affaire a été réglée en deux temps, trois mouvements. Nous sommes retournés à l'édifice qui abritait la célèbre entreprise de boissons gazeuses et nous n'avons eu aucun mal à y pénétrer, malgré les policiers qui en gardaient encore l'entrée : Morley leur a montré une fois de plus son badge du FBI, et ils nous ont laissés circuler à notre guise.

Nous n'avons pas eu de mal non plus à déjouer les nouveaux systèmes d'alarme qui venaient tout juste d'être installés : Klonk les a facilement décodés par télépathie. Et, comme Marmaduke connaissait déjà le chemin, ce fut un jeu d'enfant d'aller jusque dans les laboratoires pour enlever toute trace de la poudre qu'il avait ajoutée à la recette de la fameuse boisson.

— Je pense que nous avons réduit les dégâts au minimum, a dit Marmaduke. C'est dommage, en un sens. Ma nouvelle formule était très efficace, et le goût en était délicieux! Les gens auraient peut-être fini par s'habituer à la saveur de la nouvelle boisson, qui sait? Si j'étais vous, messieurs, j'éviterais les machines distributrices des universités. J'y ai fait quelques expériences, ces dernières années, mais les doses n'étaient pas assez fortes... Et maintenant, passons aux choses sérieuses! Quand donc pourrai-je lire votre chef-d'œuvre, mon cher Fred? Il me tarde de le savourer!

— Je crains que ce ne soit très long, malheureusement! Avez-vous oublié que je ne sais plus ni lire ni écrire? Peut-être qu'il me faudra attendre six ou sept ans avant de pouvoir m'y mettre!

— Six ou sept ans! Mais c'est épouvantable!

— Je ne vous le fais pas dire!

— Je vous jure que je ferai tout ce que je peux pour trouver un antidote, tout! J'ai tellement, tellement hâte de vous lire! Avec un tel sujet, ce sera le plus grand chef-d'œuvre de tous les temps!

CHAPITRE
TREIZE

Ma rééducation a été bien moins longue que je ne l'aurais cru. J'ai mis six mois à réapprendre les voyelles, mais quelques semaines de travail intensif ont ensuite suffi pour que je me souvienne de toutes mes consonnes. Il n'y a que le W qui me donne encore du mal, surtout quand je joue au scrabble avec Agathe. Chaque fois que je le pige, je le remets dans le sac.

Mais il ne suffit pas de reconnaître toutes ses lettres pour savoir lire et écrire, sinon on finirait l'école en première année! Il faut aussi réapprendre toutes les règles de grammaire et tous les mots qui ont une orthographe bizarre : pourquoi y a-t-il un B à la fin du mot plomb ? Pourquoi y a-t-il deux M dans le mot pomme, et un seul dans pomiculteur ? C'est bien plus compliqué qu'on pense, apprendre à lire, surtout à mon âge, et c'est encore plus compliqué d'écrire sans faire de fautes ! Si Agathe n'avait pas été là, je pense que je n'y serais jamais arrivé. Chaque soir, elle me montrait l'alphabet avec des livres de première année et elle ne se fâchait jamais quand je confondais les M et les N. Parfois, j'aimais tellement ses leçons que je faisais semblant d'apprendre un peu moins vite, juste pour le plaisir de l'entendre me la répéter. Agathe est la plus gentille et la plus patiente de toutes les maîtresses. Chaque fois que j'écris quelque chose, maintenant, je le lui fais lire, et elle corrige mes fautes. J'espère que toutes les autres victimes de Marmaduke ont eu des professeurs aussi patients!

Félix m'a beaucoup aidé, lui aussi. C'est lui qui m'a appris à reconnaître les Z sur les boîtes de pizzas pochettes.

Marmaduke a fait tout ce qu'il a pu pour accélérer ma guérison en m'apportant chaque semaine une nouvelle poudre de son invention, que je m'empressais de jeter aux poubelles. Pour apprendre à lire et à écrire, rien ne vaut la méthode d'Agathe.

Je pense être presque entièrement guéri, mais je n'en dis rien à Marmaduke. Chaque fois qu'il vient me voir avec ses poudres, je lui réponds que j'ai beaucoup de mal à réapprendre à lire, que j'oublie mes lettres à mesure que je les apprends et que je ne pourrai sans doute pas entreprendre la rédaction de mon livre avant six ou sept ans. Si jamais il patiente jusque-là, je dirai que je manque d'inspiration, ou

bien que mon imprimante est en panne, ou encore que je n'ai plus de papier... Il a le temps de changer d'idée d'ici là, ou bien de se trouver une autre bêtise à faire.

Chaque fois qu'il sort de chez moi, il a l'air malheureux, et j'ai presque pitié de lui : Marmaduke n'est peut-être pas très sympathique, mais il m'a donné l'occasion de vivre une aventure extraordinaire, que je n'aurais jamais été capable d'imaginer tout seul. Et il m'a surtout permis de me rendre compte que c'est vraiment une chance extraordinaire que de savoir lire. Maintenant que j'ai été obligé de réapprendre, laissez-moi vous dire que je savoure chaque mot que je lis!

Quel plaisir de s'asseoir dans son fauteuil préféré avec un bon livre! Quel bonheur de pouvoir de nouveau jouer au scrabble avec Agathe! Et quel bonheur, surtout, de pouvoir recommencer à écrire des livres! Au fait, vous souvenez-vous de la toute dernière phrase du premier chapitre de ce livre? Vous souvenez-vous de la réflexion que j'ai eue en rapportant que Félix m'avait souhaité bonne chance? *J'allais avoir besoin de beaucoup de chance...*

J'ai eu de la chance, en effet : si je n'avais pas la chance d'être écrivain, je n'aurais sans doute jamais pu convaincre Marmaduke de mettre un terme à son plan diabolique, et peut-être que plus personne n'aurait pu écrire d'autres histoires! J'en ai des frissons rien qu'à y penser.

Et si je n'avais pas eu la chance d'être écrivain, je n'aurais pas eu la chance de vivre un événement extrêmement rare : recevoir des félicitations de Klonk!

— Mon cher Fred, je voudrais te remercier, a-t-il dit en me serrant la main lorsque nous sommes rentrés d'Atlanta. C'est grâce à ta présence d'esprit que nous nous sommes tirés de ce mauvais pas. Tes talents sont limités et ton cerveau n'est pas très performant, c'est le moins qu'on puisse dire, mais tu sais quand même t'en servir, parfois. Qui aurait cru que tu te montrerais un jour si utile ? Je te fais toutes mes félicitations...

Les compliments de Klonk laissent toujours un drôle d'arrière-goût, mais je les ai quand même acceptés avec plaisir. J'ai alors essayé de retirer ma main de la sienne, mais je n'ai pas réussi. C'est alors qu'il m'a fait, sans le savoir, un compliment encore plus grand :

— Je veux aussi te dire autre chose, a-t-il continué en rougissant.

— Quoi donc ?

— C'est que... C'est un peu difficile à avouer...

— Je t'écoute...

— Quand tu as dit à Marmaduke que tu cesserais d'écrire des aventures de Klonk, j'ai tout de suite compris ton stratagème, évidemment... N'empêche que, pendant une fraction de seconde... Eh bien, pendant une fraction de seconde, j'ai eu peur que ce ne soit vrai, voilà. On va continuer, n'est-ce pas?

— Aussi longtemps que tu le voudras, mon cher Klonk!